国際化の時代に生きるための Q&A ③

フェミニズムってなんのこと?

ルイーズ・スピルズベリー 著
ビー・アップルビー
渡辺薫 訳

What is Feminism?

創元社

What is feminism? Why do we need it? And other big questions
by Louise Spilsbury and Bea Appleby

Copyright © Wayland, 2016
Japanese translation rights arranged with HODDER AND STOUGHTON LIMITED on behalf of Wayland, a division of Hachette Children's Group through Japan UNI Agency, Inc., Tokyo

目次

- フェミニズムについて 4
- フェミニストってどんな人？ 6
- わたしのフェミニズム：ビー・アップルビー 8
- わたしのフェミニズム：ルイーズ・スピルズベリー 10
- フェミニズムはいつ始まったの？ 12
- フェミニズムは今でも重要？ 16
- フェミニズムと政治 18
- わたしのフェミニズム：ドーン・オポーター 20
- フェミニズムと労働 22
- わたしのフェミニズム：ジュリー・ベントリー 24
- フェミニズムとメディア 26
- わたしのフェミニズム：ジェマ・ケアニー 30
- フェミニズムと教育 32
- わたしのフェミニズム：アドーラ・スヴィタク 34
- フェミニズムとボディイメージ 36
- わたしのフェミニズム：ローレン・ラヴァーン 38
- ステレオタイプ（固定観念）をやめる 40
- わたしのフェミニズム：ベン・ベイリー＝スミス（ドック・ブラウン） 42
- あなたはどう思う？ 44
- 用語集 46
- 索引 47

色付きの文字の説明は46〜47ページにあります。
※は編集部による注です。

フェミニズムについて

みなさんはこれまで、不思議に思ったことはありませんか。「男の子と女の子ってそんなに違うの？」、「どうして世界のリーダーは男性ばかりなの？」、それに「どうして男性はスカートをはかないの？」
この本はみなさんといっしょにこういう疑問について考え、これらの問題がわたし達の暮らしや世界の人々にどう影響しているのかを見ていきます。

どうしてこの本を読むの？

「フェミニズム」という言葉を聞いたことがあって、どんな意味か考えたことがある人もいるでしょう。あるいは少し知っていて、もっと知りたい人もいるかもしれません。フェミニズムとはなにか、フェミニスト（女性の平等と権利を支持する人）とはどんな人なのか、人々はさまざまな考えを持っています。この本は、フェミニズムがなにを意味するのか、なぜ存在するのかを説明します。

自分がフェミニストだとは思っていなくても、男性と女性は平等な権利と機会を持つべきだし、女の子にも男の子と同じだけのチャンスや選択肢が与えられるべきだと考えている人はたくさんいます。この人達は自分がフェミニストだと言わないかもしれませんが、フェミニズムの考えに賛同しているのです。フェミニズムの考えがどんなもので、フェミニズムはなんのためにあるのか、この本はその理解に役立ちます。

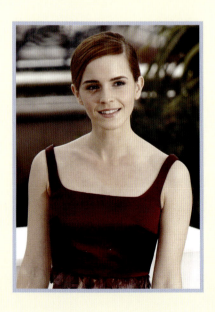

わたしが15歳の時、周りの女の子達は「筋肉質に見えたらいやだから」と言って大好きなスポーツをやめていきました。18歳にもなると、周りの男の子達は「男らしくない」ことを恐れて感情を素直に表現できなくなっていました。それを見て、わたしはフェミニストになると決めました。

エマ・ワトソン　俳優、国連ウィメン親善大使

この本のはたらき

この本は、女性の平等の歴史を見ていきながら、世の中に変化をもたらした女性と男性の物語も紹介します。

さらに、女性がどんな場面で男性と異なる扱いを受けてきたか、そして今もなお受けているかに注目します。フェミニズムが人々の意識や法律を変えるためになにをしてきたかを解説し、「男性もフェミニストになれる?」や「フェミニズムは今でも必要?」といった重要な疑問にも取り組みます。

ジェマ・ケアニー
➡p.30

ベン・ベイリー=スミス(ドック・ブラウン)
➡p.42

ドーン・オポーター
➡p.20

ジェマ・ケアニー、ジュリー・ベントリー、アドーラ・スヴィタク、ベン・ベイリー=スミス(ドック・ブラウン)、ローレン・ラヴァーンやドーン・オポーターなどのメディアに出演しているフェミニストが、自分にとってフェミニズムはなにを意味するのか、フェミニズムは自分の人生にどういう影響を与えたかについて書きました。ひとりひとりの話を、これからこの本で紹介します。フェミニズムについての考えを深めてくれる引用や質問も読むことができます。

ローレン・ラヴァーン
➡p.38

フェミニストってどんな人？

フェミニストとは、男性と女性は平等な扱いを受けるべきだと考えている人のことです。歴史上、女性は男性に比べて権力を与えられず、女性にとっての選択肢は制限されてきました。フェミニストは、これは間違いで、変えられるべきだと考えています。これらの問題の解決方法については、フェミニストの間でも意見が異なることがあります。しかし、すべてのフェミニストが、人が男性だから、女性だからという理由だけで異なる扱いを受けるべきではないという考えを共有しています。

フェミニストが使う用語

- **家父長制**：男性、または男性の集団が支配している家族、グループや政府のことです。家父長制においては、男性は女性より権力を持っていて、規則や法律を作っているのも男性です。例えば、家父長制の家族では、男性がほとんどの物事の決定をおこないます。

- **ジェンダー差別**：人が性別によって異なる扱いを受けることです。「ジェンダー」とは、男性、女性であることと結び付けられたふるまいのことです。ジェンダー差別は、多くの場合、女性に対する不公平な扱いを意味します。

- **性差別（セクシズム）**：ジェンダー差別を意味するもう一つの言葉です。性差別主義者（セクシスト）はジェンダーを根拠に、女性になにができてなにができないかを決めつけようとします。

- **女性差別主義者（ミソジニスト）**：女性をはげしく嫌ったり、差別している人のことです。女性差別主義者は、女性を男性より劣ったものとして扱い、女性に対して否定的な考えを持っています。

フェミニズムやフェミニストの考えについては、たくさんの誤解があります。多くのフェミニストの考えに当てはまること、当てはまらないことを下に挙げました。

- フェミニストは、女性は男性と同等の給料をもらうべきで、女性自身が選んだキャリアにおいて、男性と同じだけのチャンスを与えられるべきだと考えています。

- フェミニストは、国の法律を作る政府において、女性が男性と同等の役割を果たすべきだと考えています。

- フェミニストは、すべての男性が強く勇敢で、すべての女性が優しくて弱いといった<u>ステレオタイプ（固定観念）</u>は間違っており、男女両方にとって悪影響だと考えています。

- <u>フェミニズムとは、男性を嫌うことではありません。</u>フェミニストにはパートナーや夫、息子、男性の友人や親戚がいて、その人達を愛しています。

- フェミニストは、男性から権力を取り上げたり、男性を支配しようとしているわけではありません。<u>フェミニズムとは、権力を平等に共有することなのです。</u>

> 「フェミニズム」がなにを意味するかについては常に議論があります。わたしにとってはエンパワメントのことです。男性より強くなることではなく、平等な保護やサポート、正義が与えられる権利を持つということです。フェミニズムはファッションのようなものではなく、とても基本的な物事についての考えなのです
>
> アニー・レノックス
> シンガーソングライター

わたしのフェミニズム

ビー・アップルビー

ビー・アップルビーは、女の子のための雑誌のライター、編集者として長年活動してきました。現在は女性の功績を紹介するプロジェクト、『The Female Lead』の編集者を務めています。

わたしは小さい頃からフェミニズムについて考えてきました。母は、わたしにとってフェミニストのすばらしいお手本でした。母は強く、仕事でも成功していて、女性は自分でお金を稼ぐべきだし、自分の安全や自由のために男性に頼るべきではではないと教えてくれました。父も同じ考えで、父と母はわが家で平等でした。

でも、テレビや映画を見ると、そこには違う世界がありました。女性が男性とぜんぜん平等ではなかったのです！　女性は弱くて繊細なキャラクターのことが多く、とてもかわいらしく描かれていました。「女性にとって一番重要なのは美しさなの？」と、考えこんでしまいました。だとしたら、それってとてもつまらない。

他にも考えました。女性はこの世界の50％を占めているのに、どうして50％の仕事をしていないんだろう？　どうして女性は走ってバスに飛び乗ることもできないハイヒールをはくの？　どうして男性ははかないの？　どうして女の子は人形で遊んで男の子は車で遊ぶの？　どうして女性は化粧をするのに、男性はしてはいけないの？

この世界で女性が男性と同等の権力を持っていないのは不公平だと思いましたし、今も公平だとは思えません。それを変えるのが、わたしにとってのフェミニズムです。それは、自分が住んでいる世界のことや、自分の体のこと、ふるまい方や安全について、女性が自分で決める権利を持つための考え方です。世界のどこにおいても、男性と女性は真に平等にはなっていません。

今のわたしの原動力

『Girl Talk』という10歳から12歳向けの雑誌の編集者になると、**フェミニズム**はわたしの仕事の一部になりました。

その雑誌は女の子向けだからというだけで、中身のほとんどすべてがピンクだった上に、すべての特集がファッションやヘアスタイル、アイドルのことだったのです。これを読む女の子が、自分はなによりもまずかわいくならなくてはいけないと思うのではないかと、心配になりました。

だから、その雑誌にフェミニズムを取り入れようと考えました。女の子もゲームのデザイナーや、レーシングドライバーのような最高の職業につけるのだと伝えるために、女性のスポーツ選手や科学者のお話を載せました。その雑誌で、女の子には何百万通りもの生き方があり、女の子はいろんなことができるのだと伝えたかったのです。

考えてみよう

女の子と男の子の扱いには違いがあると思いますか？
それは公平だと思いますか？

わたしの好きな言葉

❝女性が「わたしはフェミニストじゃない」って言うのが本当に苦手。女性が同じ仕事をしたら、男性と同じ給料をもらうべきだと思う？ 女性は親元を離れて自立していいと思う？ 女性と男性には同じ権利があるべきだと思う？ そう思うなら、あなたはフェミニストよ❞

レナ・ダナム　俳優、作家

わたしの考え

フェミニズムについて学ぶのに、早すぎるということはありません。女の子と男の子がフェミニズムのほんとうの意味や、それがなにをなしとげようとしているかを理解したら、みんなにとって公平な世界を作るために進んでいけます。それって最高ですよね？

わたしのフェミニズム

ルイーズ・スピルズベリー

ルイーズ・スピルズベリーは大学で女性文学について学び、修士号を取得しました。女性による創作とイラストを扱う『Aurora』という雑誌の共同創始者でもあります。作家としても活動し、子ども達に向けたさまざまな本を200冊以上執筆しています。

フェミニストになるということ

子どもの時は、勇敢な女性が活躍する古い映画や、冒険好きな女の子が出てくる本が好きでした。でも現実では、女の子には男の子と同じチャンスや選択肢が与えられていないように思われました。わたしはクラスの男の子達と同じくらい勉強ができたのに、秘書になるべきだと先生に言われた時や、結婚したら仕事をやめるだろうから、将来の仕事は重要でないと大人達がほのめかした時は腹が立ちました。

大学では、すぐれた女性作家について学びました。女性だからという理由で、それらの作家の研究はほとんどされてきませんでした。わたしがフェミニズムと出会ったのはその頃でした。

わたしにとってのフェミニズムとは？

フェミニズムがわたしにとって重要なのは、女性と男性を**平等**に扱うことで、世界をすべての人にとって良い場所にできると思うからです。ちょっと理想的すぎると言う人もいるでしょうが、わたしは**家父長制**がみんなを抑圧していると思っています。女性が仕事と政治において男性と等しく成功するチャンスを得られないかぎり、世界は才能ある人々や優れたアイディアを失っていることになるのです。

男性と女性の指導者がバランスよくいれば、きっと世界はもっと公平で安全な場所になるだろうと思います。またフェミニズムは、男性にも悪影響を与える**ジェンダー差別**を止める手助けもできるのです。男性が「弱い」と言われることを恐れて自分の感情を隠したり、本来の自分よりも強そうに、攻撃的にふるまわなくてならないとプレッシャーを感じたりするのは公平ではありません。

今は女性の**平等**についての法律があるのだから、もうフェミニズムは必要ないと考える人もいます。しかし、現実は逆なのです。チャリティー団体のガールガイディングUKの2015年の調査では、3分の2の女の子が見た目で判断されていると考え、3人に1人が、整形手術を考えるほどに見た目について悩んでいることがわかりました。

これらの事実を知ると、悲しいと同時に怒りを覚えますが、なぜフェミニズムが現在も重要なのかを再確認させてくれます。

わたしの好きな言葉

娘のハティーが紹介してくれた、ナイジェリアの作家、チママンダ・ンゴズィ・アディーチェが書いた、『男も女もみんなフェミニストでなきゃ』という本があります。わたしにとってのフェミニストであることの意味がまとまっていて、ぜひ読んでほしい本です。

> 男の子からどう思われるかを気遣いなさい、と女の子に教えることに私たちはあまりに多くの時間を割いています。でも、その逆はありません。男の子には人から好かれるようにしなさいと教えたりはしないのです。女の子には怒ったり、攻撃的になったり、容赦なかったりしてはいけない、と教えるのにはたっぷり時間を割くけれど、それだけで十分悪いことですが、それでいてわたしたちは男性となるとくるりと態度を変えて、おなじ理由で褒めたり、大目に見たりするのです。世界中で、あふれんばかりの雑誌や書籍が、女性にああしろこうしろと指図して、男性に魅力的に見えるには、男性を喜ばすには、どうすればいいかを教えてくれます。逆に男性に女性を喜ばせることを教えるガイドブックはごくわずかです。

（河出書房新社、2017年、くぼたのぞみ訳）

フェミニズムはいつ始まったの？

「フェミニズム」という言葉が使われたり、フェミニストが運動を始めるずっと前から、人々は女性の権利について議論しつづけてきました。1792年にはメアリ・ウルストンクラフトという著述家が『女性の権利の擁護』という本を書き、女性は教育、労働、政治において男性と平等な機会を与えられるべきだと訴えました。「フェミニズム」という言葉が使われるようになるのは、より多くの人々が女性の権利の平等を求めて闘いに加わった1890年代のことでした。

第一波フェミニズム

これまでフェミニズムには、運動が活発になるいくつかの「波」がありました。第一の波はアメリカの1840年代、まだ世界中のほとんどの女性の権利が制限されていた時代に始まりました。初期のフェミニストは、女性の教育、労働環境の改善、自分の財産を所有する権利、離婚した時には自分の子どもを育てられる権利などを求めて運動しました。フェミニストが特に求めたのは、女性が選挙で投票する権利でした。女性の選挙権は1920年にアメリカ全土で実現し、イギリスでも1928年には21歳以上の女性が選挙権を獲得しました。

66 わたしは、女性が男性を支配することを望んでいるのではありません。彼女らが、自分のことは自分で決める権利を持つことを望んでいるのです 99

メアリ・ウルストンクラフト
著述家

第二波フェミニズム

フェミニズムの第二の波は、1960年代に始まりました。「女性解放運動」と呼ばれた運動は爆発的に広がり、フェミニズムの考えを何百万人もの女性に伝えました。この名前を付けたのは、『新しい女性の創造』という重要な本を書いた、アメリカの作家のベティ・フリーダンでした。フリーダンは、その本の中で、女性は自分が望めば、妻や母親以外のものになる権利があるのだと述べました。これは当時では急進的な考えでした。

1960年代から70年代、そして80年代に入っても、第二波のフェミニスト達は、女性の平等な賃金と就労の機会の改善のために闘いました。その努力によって、女性の妊娠を理由に解雇することは法律で禁止されました。フェミニストは、母親も望めば仕事に行けるように、保育園の増設を求めて活動しました。また、女性が産む子どもの数と、産む時期を自分で決められるように、避妊の手段の充実のためにも運動しました。さらに、**ジェンダー差別**や**性差別**の根絶、女性を暴力から守る法律の改善を求めた活動も始まりました。

> "ビジネスでも学問でも、ほとんどすべての職業の分野で、女性はいまだに二級市民として扱われています。社会で働こうという女の子に、このさりげない、居心地の悪い差別が存在することを教えておくべきです。おとなしくして、差別が消えることを願って待っているのではいけない ── それに抗わなくてはいけない、と伝えるのです。女の子は自分の性別のために特権があるなどと考えるべきではないし、かと言って偏見と差別に「適応する」べきでもありません"
>
> ベティ・フリーダン、『新しい女性の創造』の著者

第三波フェミニズム

　1990年代から21世紀に入ると、女性の暮らしは改善したかのように見えました。多くの国で、女性はかつてないほどの権利と職業の機会を獲得し、若い女性達は、これまでフェミニストが勝ち取ってきた自由や選択肢を当たり前と思って成長するようになりました。しかし、**性差別**の問題はまだ残っていたのです。

　同時に、女性の新しい自由をよく思わなかった人々が、**フェミニズム**のネガティブなイメージを作り上げました。一部のメディアからは、フェミニストは「みにくい、攻撃的な男嫌い」だと言われました。第二波フェミニズムが中産階級の白人の女性の問題ばかり扱っていたことを批判し始めた女性もいました。その結果、多くの女性がフェミニズムの考えを拒否し始めたのです。

　第三の波のフェミニズムにおける性差別との闘いは、より個人に重きを置いたものでした。フェミニストは、若い女の子や貧しい家庭出身の女性、さまざまな国籍、人種、宗教の女性の立場に沿って、それぞれの権利を求めて運動する小さなグループに分かれていったのです。第三波のフェミニストは、メディアにおける女性の描かれ方に異議を唱えたり、女性の**ステレオタイプ（固定観念）**を変えることにも取り組みました。

> " 世界の人口の半数が抑圧されていたら、社会は繁栄できません "
>
> マララ・ユスフザイ
> 女子教育活動家

考えてみよう

「フェミニズム」という言葉を聞いてなにを考えますか？
一部の人がフェミニズムを悪いもののように扱おうとするのは、どうしてでしょう？
自分はフェミニストだと言いにくいと感じているとしたら、それはなぜでしょう？

第四波フェミニズム

たくさんの人が、今わたし達は**フェミニズム**の第四の波のまっただ中にいると考えています。21世紀になり、バラク・オバマ元大統領やビヨンセなど、これまでよりずっと多くの人々が自分はフェミニストだと表明するようになりました。欧米のフェミニスト達は、アジア、アフリカ、ラテンアメリカなどの他の地域のフェミニストと協力しています。インターネットとソーシャルメディアが普及したことで、インターネット上のフェミニストの**キャンペーン**の数が大きく増加しました。

ビヨンセ・ノウルズ＝カーター

現代のフェミニストは、政治に進出する女性を増やすこと、**平等**な賃金の獲得、そして**セクシャルハラスメント**や女性に対する暴力などの問題の解決のために活動しています。また、女性がそれぞれどんな人か、なにをしているかよりも見た目で判断されてしまいがちだという事実も変えようとしています。

第四の波のフェミニズムは一般の人にも浸透し、昔のように、女性の平等な権利について話すことは過激だとはみなされなくなりました。

" フェミニズムの「波」という表現をまだ続けるべきなのでしょうか。なぜなら、わたしが数えたところ、次の波は五つ目になりますが、人は五つ目の波あたりでそろそろ一つ一つの波のことを言うのはやめて、やってきた流れ全体について話し出すものなのではないかと思うからです "

キャトリン・モラン　作家

フェミニズムは今でも重要？

わたし達は21世紀になってもフェミニズムを必要としているでしょうか？　これらの統計（世界銀行の統計と国連の「世界の女性 2015年版」のデータより）から、世界中の女性の暮らしについてなにがわかりますか？

労働

- 世界中で、ビジネスにおいて最も影響力のある職業に占める女性の割合は、4分の1以下です。
- 労働可能な男性の4分の3が働いているのに対し、労働可能な女性のうちの半数しか仕事についていません。
- 女性の収入は男性より低く、男性が1ポンド（約140円）稼ぐ間に、女性は70〜90ペンス（約100〜120円）しか稼いでいません。
- 世界で最も大きな500の会社のうち、女性によって経営されているのは4％以下です。

権力と政策決定

- 世界中の政府の高官のうち、女性は18％だけです。
- 世界中の半数以上の国で、女性より男性の判事の方が多くいます。
- 世界中の警察で働く人々のうち、女性は3分の1ほどしかいません。

教育

- 世界中で、小学校に通うべき年齢の3,000万人以上の女の子が、いまだに学校に行っていません。
- 世界中で字を読めない人のうち、3分の2以上が女性です。
- 大学で科学や工学を学ぶ女性は男性より少なく、世界中の研究者のうち女性は30％しかいません。

メディア

- 女性が監督した映画は、全体の7%しかありません。
- 映画の中の女性のキャラクターは、20%ほどしかいません。
- 女性が脚本を書いた映画は、全体の20%しかありません。
- 映画プロデューサーのおよそ80%が男性です。

家族

- 妻は夫に従わなければならないと法律で決まっている国が、10か国あります。
- 発展途上国では結婚した女性の3人に1人には高額なものを買う決定権がありません。
- 結婚した女性の10人に1人は、自分で稼いだお金の使い方を決めることができません。

イギリスの性差別

(2015年にガールガイディングUKがおこなった、女の子の意識調査のデータより)

- 11歳から21歳の女性の81%が、週に一度は日常的な性差別(テレビの性差別的な発言を聞くなど)を体験していると答えました。
- 13歳から21歳の女性の5人に3人が、学校、大学、職場でセクシャルハラスメントを体験しています。
- 11歳から21歳の女性の85%が、日常のなんらかの場面で性差別を体験していると答えました。

" 人間の社会は男性と女性の両方でなりたっていて、わたし達は等しく重要で、お互いを必要としています。では、なぜわたし達は同等でないものとみなされているんでしょう? こういった古い考えは、子どもの頃からすりこまれています。わたし達は男の子に平等と、相手を尊重することを教えなくてはなりません。彼らが大きくなる頃には、ジェンダーの平等が当たり前になるように。そして女の子には、あなた達は人間が可能な限り上をめざすことができるのだと、伝えなくてはなりません "

ビヨンセ・ノウルズ=カーター 歌手、俳優

フェミニズムと政治

どうして女性が選挙で投票する権利を持つことや、女性の大臣や指導者が政府にいることが重要なのでしょう？　それは、女性達が、自分の生活に影響する法律や意思決定に関わることを可能にするからです。

女性に選挙権を！

イギリスでは、女性の参政権、または選挙権を求める運動は19世紀後半に始まりました。ミリセント・フォーセット（写真上）をリーダーとする女性参政権運動家達は、女性が投票するのに十分な責任感を持っていることを示すため、街中を行進するなどの平和的な方法で訴えていました。

ミリセント・フォーセット

エメリン・パンクハースト（写真下）が率いるサフラジェットは、自分達の意見を世間に聞かせるために、窓を割ったり、フェンスに自分を縛りつけたり、より激しい抗議運動をおこないました。第一次世界大戦（1914〜1918年）が始まると、男性が戦地に行っている間、女性が男性の仕事を引き受けなくてはならなくなりました。結果として、女性はこれまでより能力を認められるようになり、女性の権利への関心が高まりました。

エメリン・パンクハースト

1918年には、イギリスの30歳以上の女性が選挙権を獲得し、1928年には21歳以上の女性が選挙権を獲得しました。しかし、女性の選挙権の実現に長い時間がかかった国もありました。スイスの女性は1971年になるまで投票できず、サウジアラビアが女性に選挙権を与えたのは2015年になってのことでした。

政治における女性

今では、政府や政治に参加する女性は世界中で増えてきています。いくつかの国では、女性が大統領や首相になりました。しかし、いまだに選挙で投票する女性や、政治家になる女性は男性より少ない状況です。これは、世界の人口の50％を占める人々の視点や経験が、政治に取り入れられていないということです。

国が繁栄するためには、政府に最高の人々がいなくてはなりません。もし政治家が人口の半分からしか選ばれないとしたら、その政府は才能ある多くの女性を埋もれさせていることになります。

女性政治家が女性の問題について取り組めば、みんなを助ける変革をもたらします。例えば、女性が平等な賃金を得たら、家族全体がより多くの収入を得ることができます。

フェミニストは、より多くの女性の政治進出のため、そして女性が政府で働きやすいようにするための運動をしています。政治家は非常に長時間働く傾向がありますが、子どもがいる女性にとっては大変なことです。よって、フェミニストは、そのような女性のために、労働時間の改善を求めて運動しています。世界には、女性の代表が政治に公平に関われるように、政府にいるべき女性の割合を法律で決めている国もあります。

> "女性の権利を含め、マイノリティ（少数派）の権利や人権を認めない国は、得ることができるはずの安定や繁栄を達成することができません"
>
> ヒラリー・クリントン
> アメリカの政治家

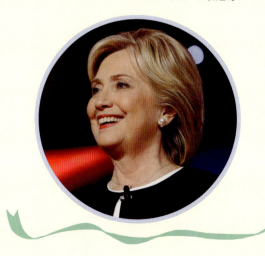

考えてみよう

政府にいる男性と女性の数が**平等**でないと、どのようなことが起こると思いますか？
政府には、平等な数の男性と女性がいるべきだと思いますか？

わたしのフェミニズム

ドーン・オポーター

作家、テレビ司会者、ジャーナリストであるドーン・オポーターは、ファッションデザイナーも含めたすべての仕事を、女性の平等への信念をもっておこなっています。

Q 過去にあなたは、フェミニズムは言葉だけでなく、行動することだと述べていますね。それはどういう意味ですか？

A わたしにとってのフェミニズムの意味は、他の人と違わないはずです——つまり、両性の平等化です。男性が女性より優れていて、力があるわけではありませんし、男性は女性と同じ仕事をして女性より高い賃金をもらうべきではありません。フェミニズムとはその間違いを正すことなのですが、まだその意味を理解していない人がたくさんいるようです。

わたしはフェミニストであるなら行動的であるべきだと思います。フェミニズムについて話し、その言葉を他の人にも伝えることで、フェミニストになるのです。フェミニストと名乗るだけでは十分でないと思います。フェミニストとして活動的に生きなければいけないのです。

Q 物語のキャラクターを考える時、平等について考えますか？

A はい、とても重要視していますが、うそはつきたくありません。「女性的」とされるステレオタイプのキャラクターを書きたくないからといって、美容と恋愛に興味がない女性を無理に登場させたくないのです。わたしは精神的に強いタイプですが、自分の結婚と子どもはわたしにとってのすべてです。そのためならなんでも投げ出すでしょう。

でも、女性を正直に描くようにも気をつけています。わたし達はいつも愛や赤ちゃんのことばかり考えているのではなく、人生にはもっとたくさんの物事があります。作家としてのわたしの仕事は、女性がどう感じるかを表現することです。だから、わたし達がなにを求めているのか正直に書きたいのです。

いろんな意見を含めた作品を作り、住んでいるこの世界をちゃんと表現したいと思っています。それこそが作家にとって大事なことです。

Q まだ小さい息子さんがいらっしゃいますが、フェミニズムについてなにを教えますか？

A ほとんど教えません。わたしが教えるのは、力が男性を男性たらしめるのではないということです。男性も自分の感情について話していいし、話すべきだということ。そして男性だからといって女性より優れているわけではないし、女性を尊重しなければならないということ。彼をフェミニストとして育てるつもりはありませんが、とても「いいやつ」に育てようと思っています。娘が生まれても同じように育てるでしょう。そうやって、将来のジェンダーの不平等をなくしていくのです。

Q あなたは最近ご自身のファッションブランドを始めましたが、フェミニズムの考えは服に影響していますか？

A この仕事は、女性にいい気分になってもらうためのものです。つまり、彼女達にパワーを与える仕事です。女性を魅力的にする服ではなく、女性自身が気に入って、パワフルな気分になってくれるような服をデザインしています。

服というものは人がその日になりたい人になるのを手助けするものです。ファッションは見かけよりもいろいろなことを考えさせてくれます。このドレスを着た女性はどのように感じるだろう？ と自分に聞いてみるんです。この服は彼女が前に進むのに役立つだろうか？ と。ファッションにはそれができます。とてもパワフルなものなのです。

フェミニズムと労働

1900年のイギリスでは、夫が働きに出ている間、多くの女性が家にいました。未婚の中流階級の女性は教師として働いたり、労働者階級の女性は、メイドや召使いとして安い賃金で長時間働くこともしばしばでした。しかし、第一次世界大戦の間に、女性は船の建造や救急車の運転もできることを証明し、時代は変わり始めました……。

1920年代には、女性が今までつけなかった職業にもつける法律ができました。ついに、女性も弁護士や会計士、政治家になれるようになったのです。しかし、同じ仕事をしても、女性の賃金は男性よりも低いものでした。1968年、イギリスのダゲナムにあるフォード社の自動車工場で、女性労働者が**平等**な賃金を求めてストライキをおこなったことで、初めてイギリスで同一賃金法が成立しました。この法律によって、同じ仕事をする男性と女性は同じ金額の賃金をもらえるようになったのです。

法律が変わった後も、多くの女性は応募した仕事につけませんでした。今まで男性がしてきた仕事は、女性にはできないと考える人がまだいたからです。やりたい仕事につくために、女性達は会社を訴えなくてはなりませんでした。1970年代にはブレンダ・バークマンというアメリカの女性が、彼女が消防士になることを拒否したニューヨークの消防署を**ジェンダー差別**で訴えました。彼女はその訴訟に勝った後、40人の他の女性とともに消防団に入り、のちに消防士のキャプテンとなりました。

考えてみよう

女性と男性が同じ仕事をしていたら、同じ額の賃金をもらうべきですか？
男性がやっている仕事はすべて、女性にもできると思いますか？　また、それらの仕事は全部、女性もおこなうことができるようにすべきでしょうか？

現代の働く女性

現在では、女性は男性がおこなうほとんどの仕事をできますが、すべてではありません。いくつかの国では、女性の兵士は前線で戦うことを許されず、中国では、女性は鉱山労働者や造船技士になるべきではないと考えられています。いまだに世界中で多くの女性が差別され、賃金と機会の不平等を被っています。労働において、女性が男性と平等になっていない原因は他になにがあるでしょうか？

ひとつは、女の子は学校で優秀な成績を修めても、リーダーとしての自信がない場合があることです。女の子が優しく謙虚であるように教えられているのは、リーダーシップを取ることを妨げられている原因の一つでしょう。

2014年に、Facebookの最高執行責任者のシェリル・サンドバーグは、「Ban Bossy（「いばっている」と言うのは禁止）」というキャンペーンを始めました。これは、女の子が自信を持って行動する時、周りの人が「いばっている」などと言うのをやめるように訴え、女の子がリーダーシップを取れるように勇気づけるためのキャンペーンです。

また、もう一つは、重要な役職にいて働いている女性が少ないと、女の子は自分が将来そういう仕事をすることを想像しにくいということです。女性のパイロットを見たことがなければ、どうしてなりたいと思うでしょうか？ フェミニストは女性達に、自分のキャリアで成功した話を女の子に伝えるよう促しています。そうすれば女の子も、自分ができる仕事のことがわかるからです。

❝女性は大変な進歩を遂げてきました。でも、まだ世界中のどの国でも、あらゆる業界のトップの仕事に女性は数パーセントしかいません。これはわたし達がとても小さい頃から、男の子にはリーダーになるように教え、女の子のことは「いばりんぼ」と呼んでしまうことが一つの原因だと思います❞

シェリル・サンドバーグ
Facebookの最高執行責任者

わたしのフェミニズム
ジュリー・ベントリー

イギリスのガールガイディング（ガールスカウト）のトップであるジュリー・ベントリーは、全国の50万人以上もの女の子を指導しています。

Q　あなたにとってのフェミニズムとは？

A わたしにとってのフェミニズムは、シンプルに男の子と女の子、男性と女性がその人生において――つまり職場と私生活において、**平等**であることです。同じだけの機会を得て、同じ仕事をしたら同じ賃金をもらうこと。フェミニズムという言葉は、女性が男性より優れていると考えたり、男性を嫌っている女性のことだと誤解されてきました。これはとても残念なことです。なぜならほんとうのフェミニズムは、男性と女性がこの世界において平等になるということだからです。

Q　仕事で性差別を体験したことはありますか？

A 若い頃には「ゆるやかな性差別」とでも呼べるようなものを体験しました。オフィスに来た男性が、わたしのことを上司ではなく秘書だと思ったり、「こわい」とか「攻撃的だ」などと言われることもありました。理由を聞くと、単にわたしが率直だったり、反論したからなのです。わたしの返事はこうでした。「男性が同じようにふるまっていたら、あなたはその言葉を使ったと思う？」わたしは彼らが自分の思い込みについて考え直し、疑問に思うように問いかけたのです。

Q なぜ、いまだにトップの職業に女性が少ないのでしょうか？

A 若い女性達からよく聞くのは、トップの仕事についている女性がたくさんいなければ、女の子は自分がそういう仕事につけないと思ってしまうということです。女性もそういう仕事ができるのだという、強いメッセージが社会に必要です。そのためにはまず学校から始めるべきでしょう。女の子にどういう職業につきたいか聞く時は、男の子相手の時と同じように話さなければいけません。現在ではエンジニアになりたいという女の子は男の子よりずっと少ない状況ですが、それは女の子達の能力のせいではありません ── 女の子が、それが自分の仕事だと思っていないからなのです。

女性が大人になると、子育てという問題も出てきます。女性と同じ数の男性が、生まれた赤ちゃんの世話のために6か月の休みを取るのが普通にならないと、女性がトップの仕事で働くのは困難なままです。男性と女性は子育てにおいて同等の責任があると認める法律を作らなくてはいけません。それまでは、女性が高い地位につくのは難しいでしょう。なぜなら、社会が女性を主要な子育ての担い手とみなしてしまっており、社会の構造がその前提に基づいているからです。

女性は人口の50%を占めていますが、トップの仕事では、女性の割合は平等ではありません。これはすべての職業に言えることです。福祉の仕事をしているのは大多数が女性ですが、その上司を見てみると、大半が男性なのです。

Q 若い女性に、将来のキャリアについてなにを伝えたいですか？

A 壁はないということです。あなた達は、なんでもなりたいものになることができます。伝統的には女性の職業でなかった仕事にもつけます。より大きく考え、視野を広げてみてください。昔から女性にふさわしいとされていたことをしたって構いません。重要なのは、あなた達には選択肢があるということなのです。

> わたしはフェミニストです。わたしはもうずいぶん長い間女性をやってきました。自分達の味方につかないなんて、おかしいでしょう
>
> マヤ・アンジェロウ　詩人

フェミニズムとメディア

フェミニスト達は、テレビ、広告、映画などのメディアにおける女性の描き方が、女性のふるまいや見た目がどうあるべきか、女性がどのような仕事をすべきかという社会の方向性に影響を与えると考えています。

広告の中の女性

長い間、広告の中のほとんどの女性は主婦として描かれてきました。料理やそうじをしていたり、新しいそうじ用品や道具を手に入れて大喜びしている姿です。

これは1950年代に世界中の政府が、第二次世界大戦（1939～1945年）から戻った男性に仕事を与えるため、女性が仕事をやめるように奨励したことで始まりました。広告は、物を売るためにいまだに女性の**ステレオタイプ（固定観念）**を使っています。

中には、女性が考えるべきなのは美容とファッションだけだと言うかのような広告や、男性は成功したビジネスマンやスポーツマン、あるいは速い高級車を運転しているところばかり映すような広告もあります。しかしこの傾向は変わりつつあり、男性と女性をステレオタイプとは違う役割で描く広告も増えています。

考えてみよう

メディアが男性と女性を描く方法はいつも公平で正しいと思いますか？
広告における男の子と女の子、または男性と女性の描かれ方が違うと感じたことはありますか？

映画の中の女性

ほとんどの映画やテレビ番組の主人公は男の子か男性で、映画のアクションヒーローとその敵役もたいてい男性です。映画のスクリーンでは、女性は男性の主役に対して脇役が多く、ボーイフレンドや夫を見つけることにしか興味がないキャラクターも少なくありません。

フェミニズムのおかげで、映画も変わりつつあります。自立した、魅力ある女性を主役にした映画が増えてきました。最近では、子ども向けの映画を製作するディズニーが『アナと雪の女王』という映画を作って賞賛されました。この作品は、王子様に助けられることを必要としない2人の姉妹を主役にしています。

しかし、女性の脚本家や監督、プロデューサーが少ないということは、大半の映画製作者がいまだに男性であるため、ほとんどの映画は男性を主役とし、女性は**ステレオタイプ**に描かれがちになるということです。

これがなぜ問題なのかと言うと、映画が常に静かでかわいらしい女の子をヒロインとして描き、怒ったり、周りに指図する女の子がトラブルに巻き込まれるのを描いていたら、女性がどのようにふるまうべきか決めつけているのと同じだからです。

> " 女性の物語はどこにあるんでしょう？ 監督は、脚本家はどこ？ 明らかにバランスが取れていません。映画を見る客の半分は女性ですし、演劇や他の作品を見る人の半分も女性なのに、それが全く反映されていないのです "
>
> キーラ・ナイトレイ 俳優

> " 世界中で女性の教育とエンパワメントがおこなわれれば、より弱者に優しく寛容で、公平であり、平和的な暮らしがすべての人に実現するでしょう "
>
> アウンサンスーチー
> 政治家、活動家

社会は変わってきているの？

いくつかの面では変わり始めています。テレビではより多くの女性が司会者やニュースキャスターとして働いており、より多くの女性の専門家が意見を求められています。女性のスポーツコメンテーターも以前より一般的になりました。まだほとんどの放送時間が男子スポーツにあてられているとはいえ、女子スポーツのテレビ放送も増えてきています。2015年にイギリスでは女子サッカーのワールドカップがBBCで放映されました。

しかし、まだ問題はあります。女性の司会者は増えましたが、男性の司会者の見た目や年齢がほぼ問題にされないのに対し、女性の司会者の多くはやせていて、若くてかわいらしい人がほとんどです。男性のスポーツ選手がトレーニングや技術、功績についてインタビューで聞かれるのに、女性のスポーツ選手は見た目や服装、恋愛関係について聞かれることが多いのです。

考えてみよう

映画の中の女性の見た目がみんな似ていたら、どんな影響があると思いますか？男性と女性のスポーツ選手は、インタビューで同じ質問をされるべきだと思いますか？

> "わたしと出会うすべての若い女の子が、自分の価値に気づいて、それにふさわしい扱いを受けられるようになることを願っています"
>
> テイラー・スウィフト
> シンガーソングライター

ソーシャルメディア

近年、多くの活動家が**フェミニズム**を広めるためにメディアを活用しています。ソーシャルメディアのウェブサイトは、フェミニストが活動したり、キャンペーンを始めたりするための重要なツールとなりました。TwitterやInstagram、Facebookなどで「ハッシュタグ・フェミニズム」と呼ばれる現象で、多くの女性がフェミニズム支持を表明し、女性の権利について話すようになりました。

ローラ・ベイツは、2012年に「Everyday Sexism Project（日常の性差別プロジェクト）」というウェブサイトを始めました。このキャンペーンが始まってから、何百万人もの女性が、失礼な発言から違法な暴力まで含め、自分が性差別を受けた体験を彼女のウェブサイトで共有してきました。

2015年のアカデミー賞の授賞式では、多くの有名な俳優が、#askhermore（彼女にもっといろいろ聞いて）というハッシュタグの支持をソーシャルメディアで表明しました。このハッシュタグは、ジャーナリストが女性の俳優に対して服装のことばかり聞くのではなく、男性の俳優に聞くのと同じくらい内容がある質問をするように促すものでした。俳優のリース・ウィザースプーンはこのキャンペーンを支持し、記者が代わりに聞くことができる質問の例をInstagramに投稿しました。

リース・ウィザースプーン

"多くの女性が立ち上がり、これらの問題について話し始めたことで、他の人々も立ち上がることができるようになってきました。たくさんの人が声を上げれば、わたし達を黙らせるのはさらに困難になるでしょう"

ローラ・ベイツ
ライター、Everyday Sexism Projectの創始者

※2017年には#MeToo（わたしも）というハッシュタグでハリウッドの女優達による**セクシャルハラスメント**や性被害の告発がありました。

わたしのフェミニズム
ジェマ・ケアニー

BBCのラジオ放送局、Radio 1のジェマ・ケアニーが、なぜ男の子と女の子の平等に強い関心を持っているのか教えてくれました。

Q あなたにとってフェミニズムが意味するものは？

A 基本的に、フェミニストであるということは、わたしがわたしであることに誇りを持っているということです。わたしは女性で、そのことに誇りを持っています。

Q 自分がフェミニストだと言いたくない人がいるのはどうしてだと思いますか？

A これは言葉の問題だと思います。人は言葉に惑わされることがよくあります。「フェミニスト」という言葉は長い間使われてきて、人によって違う意味を持つようになっています。この言葉が大きな意味を持つからこそ、すばらしい言葉だと思いますし、違う意見があっても構いません。

こういう意味の広い言葉で自分を定義するのが好きではないという人も多いのですが、そういう人も、自分で気付かないだけでフェミニストかもしれません。フェミニズムは完全な平等、そして女性に対しての愛と尊重を意味する言葉です。

Q より多くの女性の有名人がフェミニズムへの支持を表明するようになったことをどう思いますか？

A こんなに多くの若い女性の有名人がオープンにフェミニストと名乗れるようになったのはすばらしいことです。フェミニストという言葉が他の人にとっては違う意味を持つとしても、その言葉について話し合い、自分達のものにするのはいいことだと思います。

ビヨンセがフェミニスト的な歌詞を歌っているのはとても感動的です。たとえ論争になったとしても、第四波のフェミニズムについて話すことを楽しんでいます。

Q ソーシャルメディアはフェミニズムにどのような影響を与えたと思いますか？

A 平等を求める議論を活発におこなうにはとてもいい場所だと思います。人々がいろいろ思うところがあって話したい大きな問題があるなら、ソーシャルメディアを使うことができます。

発言するのはすばらしいことですし、質問するのもいいでしょう。正直になることもいいことですね。時に騒がしくなることもありますが、ソーシャルメディアで自分の権利のために立ち上がり、助けを求めるのはいいことだと思います。

Q メディアによる女性の描き方についてどう思いますか？

A 街中の看板や雑誌の表紙、You Tubeで一番見られている動画などに出ている人達がみんな、最初からその姿なわけではありません。彼らがそういう見た目になるよう助けている大人数のチームがいるのです。女性は自分の見た目について考えるよう強制されすぎていますし、見た目や着ている服のことばかり話題にされています。メディアでもっと違う表現をしなければなりません。わたし達にはそれができます——インターネットがあるのですから。自分達でポジティブなイメージを発信すればいいのです。インターネット上で、すばらしいものを作り出すことができます！

自由に、あなたらしくいてください。それが、わたしにとっての究極のフェミニズムです。あなたらしくいられることが、まずは良いスタートではないでしょうか。女の子としてのアイデンティティは、わたし達が小さい頃から刻み付けられていますが、わたし達はいろいろなものになりえるのです。

自分がなんであるか、自分になにができるか知ってください。あなたが望むような見た目をしていていいし、あなたがなりたいものになっていいのです——それを知っているのは、とても力強いことです。

フェミニズムと教育

イギリスなどの国では、女の子は男の子と同じく教育を受ける権利があります。しかし、いまだにジェンダー差別のために起こる問題があります。過去には、男性の方が女性よりも科学や算数が得意だと考えられていました。これを裏付ける証拠はなにもないのに、今でも多くの女の子が科学や算数に自信を持てていません。工学や建築などの分野を勉強する女性が少ないということは、女性達はそれらの仕事で働く機会を逃していることになり、国は女性達の才能をみすみす失っていることになります。

世界には、女の子が男の子と同じように教育を受ける権利がまだない地域もあります。サハラ以南のアフリカでは、すべての女の子が初等教育を修了するのは2086年になると予測されています。結婚するため、もしくは家で働くために、女の子が学校を早くやめさせられる国もありますし、女の子は教育を受けるべきではないと考えている人もいます。これは間違っています。なぜなら女の子が教育を受ければ、より健康で、より生産的な人生を送ることができるからです。仕事を得るための必要な技術と自信を身に付け、自分自身と家族が貧困を脱するために働くことができます。

考えてみよう

女の子と男の子は学校で同じ扱いを受けていると思いますか？
男の子は、どれか特定の科目で女の子より優秀だと思いますか？

"強い女性に捧げよう。わたし達が彼女らに出会うことができますように。わたし達が彼女らになれますように。わたし達が彼女らを育てられますように"

作者不詳

マララの物語

マララ・ユスフザイは、1997年にパキスタンのミンゴラに生まれました。マララが小さい頃、**イスラム過激派**のグループのタリバンは、彼女が住んでいた地域を支配しようとしていました。タリバンは、女の子は学校に行くべきではないと考えており、女子の学校を爆破したのです。

マララは、父親が設立した学校に通いました。マララの父親は女子の教育が重要だと考えていて、マララが発言することを応援しました。2008年9月、マララはパキスタンのペシャワールで、「教育を受けるというわたしの基本的な権利すら奪うタリバンはどういうつもりなのか？」というスピーチをおこないました。

また、彼女は教育を求める闘いをBBCのブログに記録し始めました。これはタリバンを怒らせ、2012年にタリバンの一員がマララの学校に乗り込み、彼女を銃で撃ちました。マララは瀕死の重傷を負い、イギリスで救命治療を受けなければなりませんでした。

しかし、この襲撃はマララを止めませんでした。2013年に、マララは国連で女子の教育についてスピーチをしました。2014年10月には、すべての子どもの教育を受ける権利を求める闘いが表彰され、ノーベル平和賞を史上最も若い年齢、17歳で受賞しました。

" 小さな女の子がオレンジを売っているのを見ました。彼女は一枚の紙切れに鉛筆で印をつけ、売ったオレンジの数を記録していました。彼女は読み書きができなかったからです。わたしは彼女の写真を撮り、彼女のような女の子が教育を受けられるように、自分ができることはなんでもしようと誓いました。これこそが、わたしが戦わなければならない戦争だったのです "

マララ・ユスフザイ
女子教育活動家

わたしのフェミニズム

アドーラ・スヴィタク

アドーラ・スヴィタクはアメリカの20歳（1997年生まれ）で、ライターであり活動家です。

子どもの時から神童と呼ばれ、7歳の時に「世界で最も優秀な子ども」と呼ばれました。13歳で最初の本を発表し、教育とフェミニズムについて世界中でスピーチをしています。

Q あなたにとって**フェミニズム**が意味するものは？

A わたしにとって、フェミニズムは辞書に載った意味そのものです。つまり、政治的、社会的、経済的な男性との平等をめざし、女性の権利を推進すること。また、人種や**社会経済的**な地位などの、他の要因で抑圧がさらに大きくなることを考えると、フェミニズムはさまざまな条件を考慮すべきだと思います。ジェンダーとその特権や不利益は、なにもない真空状態の中に存在しているわけではないからです。

Q なぜ今もフェミニズムが必要なのだと思いますか？

A 今もフェミニズムが必要なのは、今も女の子達は男の子達と比べて、恐れることなく十分に世界を体験することができていないからです。わたし達はもっと自分を抑え、より静かに、より優しくあるように教えられます。

性差別はどこにでも存在します——例えば大学のキャンパスや、女性が母親になることで経済的に不利益を被る職場、女性（特に白人でない女性）が複雑なキャラクターやセリフのある役、その女性自身の物語を演じることが男性に比べてずっと少ないテレビや映画など、あちらこちらに見られます。

Q 本書のような、若い人向けのフェミニズムの本がなぜ必要なのだと思いますか？

A 若い人の多くは、10代になってTumblrを見たり、ビヨンセやテイラー・スウィフトなど、自分はフェミニストだと宣言している有名人のことを知るまで、フェミニズムに出会う機会がありません。もっと早い段階で、フェミニズムと関わりを持つことが重要です。

なぜなら、子どもの時に習得する考え方は人生に重要な影響を与えるからです。フェミニズムは、ジェンダーの役割を疑問視し、他人を尊重すること、それに社会がどんな面で不公平なのかを見きわめる重要なスキルを教えてくれます。フェミニズムについて学ぶことで、人として成長できるのです。

Q はじめて女性の平等について関心を持ったのはいつでしたか？

A わたしは小さい頃から、女性の平等に関心を持っていました。両親は、女王や、ファーストレディー、科学者といった女性のリーダーについての本を買ってくれて、夢中で読みました。よく覚えているのはエリザベス・ブラックウェル（アメリカで最初に医学の学位を獲得した女性）についての本で、その頃の女性は、教育を受けて専門家になるために、わたしよりずっと多くの障害に立ち向かわなければならなかったと知りました。この本のおかげで、これまでにどのような変化があり、これからはどう変わるべきなのか、関心を持つようになりました。

Q 世界中で、教育のジェンダー間の格差がいまだに存在しています。これについてはどう考えていますか？この問題を解決するためになにができると思いますか？

A 世界の国々では、経済的な理由で女の子に教育を与えないことがあります。男の子の方がお金を稼ぐ存在で、女の子は将来的に妻か母親になる存在だと考えられているのです。女の子の将来についての家族の考えを変えることが、男女の教育の平等のための重要なステップです。これは、多様な女性がメディアに登場することで可能になります。

シェリル・サンドバーグ（p.23）のLean Inというプロジェクトはゲッティ・イメージズ社と協力して写真コレクションを作り、さまざまな年齢・人種の女性が重量挙げやスケートボードをしたり、取締役会に出席している写真を提供して、女性のイメージに多様性をもたらそうとしています。こういった動きは、女性ができることを制限してきた長年の考えに異議を唱える最初の一歩なのです。

フェミニズムとボディイメージ

歴史上、女性の理想の体型はさまざまに変化してきました。17世紀と18世紀の理想の女性は、丸々と太った人でした。19世紀には、女性達はコルセットを身に付けて、ウエストをとても細くしようとしました。1920年代にはやせていて胸が平らな体型が理想だったため、胸を下着で締めつける女性もいました。1950年代には、再びふくよかな体型が好まれました。女性の理想像を示すイメージは、たいてい広告や雑誌に出ているモデルが表現しています。しかも、そのイメージは変わりつづけるのです！

女性の見た目がどうあるべきかという理想の移り変わりを見ていくと、これらのイメージは、美についてのとてもせまい基準を表すものでしかないことは明らかです。現実の人々はいろいろな身長、体重、体型や肌の色をしており、そのように多様であるべきなのです。

フェミニストが女性のボディイメージの問題に取り組み始めたのは、19世紀に呼吸や消化の問題を引き起こす、きついコルセットに対して反対運動を始めたのがきっかけでした。以来ずっと、フェミニストは、美の概念をせばめることに反対しつづけています。

考えてみよう

雑誌を読む時、広告に出ているモデルはみんな同じように見えますか？
雑誌に出ているモデルのイメージは、女性の実際の見た目を反映していると思いますか？

変化を起こす

　ほとんどのフェミニストは、ファッションは楽しいことで、自分の見た目を気にかけるのはいいことだとしても、女性の見た目があまりに重視されすぎていると考えています。フェミニストは状況を変えようと取り組んでいます。例えば一部のフェミニストは、広告会社や雑誌が平均的な女性のモデルを採用し、写真を加工するのをやめるように訴えています。

　2012年に、アメリカのメイン州の14歳の生徒だったジュリア・ブルームは、雑誌のセブンティーン誌に対して、モデルの写真をフォトショップで加工するのをやめるように訴える署名運動を起こしました。彼女はこういった写真が、女の子の自己評価に大きな影響を与えると考えたのです。

　加工して作られた完璧なモデルの写真を見る場合は、写真の中の人々は本物じゃないし、そういう見た目にならなくてはいけないわけではないと知ることが大切です。ジュリアは8万6,000人もの署名を集め、写真の編集方法について雑誌を説得することに成功しました。

　2015年にはフランスで、やせすぎのモデルが雑誌やファッションショーに出演することを禁止する法律ができました。また、モデルがデジタル加工された写真には、そのような注意書きがなくてはならないという法律も成立しました。

　　「太ってる」は、女の子が他の女の子を傷つけたい時によく最初に言う悪口です。でも「太ってる」ことって、ほんとうに人間にとって最悪のことでしょうか？　「太ってる」のが「いじわるだ」、「やきもちやき」、「考えが浅い」、「見栄っぱり」、「つまらない」、「残酷だ」よりも悪いこと？　私はそうは思いません

J・K・ローリング、作家

わたしのフェミニズム
ローレン・ラヴァーン

ローレンはラジオのDJ、テレビ司会者、ライター、歌手やコメディアンとしても活動しています。そうそう、それにフェミニストでもあります！

Q あなたにとってフェミニズムが意味するものは？

 わたしにとっては、ジェンダーの平等を意味します。フェミニズムは世界の見方の一つであって、社会的、文化的、経済的、そして政治的に女性を男性と平等にする方法で、男女両方のためになるものです。

Q フェミニズムに興味を持ったのはいつからですか？

 わたしはフェミニストに育てられたんです！ わたしの家族はすごく平等でした。それが今までで一番重要で役に立つ教育だったと思います。でも成長するにつれ、他の人と同じように、いろいろなことが複雑になっていきました。
　実際に性差別や女性差別を体験するようにもなって、フェミニズムについてより深く調べたりするようになったんです。
　100年前の女性が問題提起して同じ闘いを闘ったことを知り、まだどれだけやらなければならないことがあるのかを確認するのは勇気を与えてもくれますが、同時にいらだちも感じます。でも、わたし達がどれだけ進んできたかを知るのは重要です。

Q 若い人がフェミニズムについて学ぶのはなぜ重要なのだと思いますか？

A なぜなら、若い人にはより良い世界に生きる権利があるからです。その世界を作るためには、みんなの協力がきっと必要になるでしょう。不平等はみんなを傷つけます。女性だけではありません。男性や男の子も、彼らに過度の期待と制約を押しつけ、女性をこの世界を運営していく上での平等なパートナーとして認めないシステムによって、不利益を受けています。わたしには2人の息子がいますが、彼らのためにも平等を求めます。

より公平な世界は、より豊かなものになります。Oxfamは、社会がもっと平等だったら、多くの国がどれだけ豊かになるかを示す調査をおこないました。ある国々では、母親の出産による死亡率を下げることにつながり、イギリスでは賃金の差がなくなることになります（現状では今後70年は解消されない見込みです）。社会を改善する方法はたくさんあり、みんなが利益を得ることができるのです。

Q 女性の体というテーマがフェミニストにとって重要なのはなぜですか？

A 女性の体は文字通り、そして比喩的にも、フェミニズムの闘いの最前線です。わたし達の体はいまだに家父長制の強い支配の対象となっていますが、体のことで悪口を言ったり、女性にどのような見た目であるべきか、なにを着るべきか命令するような、目に見えにくい支配も同じ問題に含まれます。

女性の体を支配するのは女性自身でなくてはなりません。これは平等への最初の一歩で、まだその一歩が多くの面で踏み出されていないのです！

Q 女性の体の扱い方で、なにが変わってほしいですか？

A ライター達が「ボディ・ポジティブ・ムーブメント」と名付けた運動に賛同しています。わたしはファッションも美容も、自己表現や自己肯定、クリエイティブであることや楽しみのためのツールとして使っています。でも、そういうことが強制されるべきだとは思いませんし、女性が見た目で判断されることが嫌いです。

わたしも常に自分の見かけのことを気にかけているわけではありませんし、もし見かけに気を使っている日でも、それが一番重要なことではありません。

ファッションなどに関して、私が唯一信じているのはアイディアなんです。わたしは太ももが真ん中でぴったりつくほどやせているかどうかよりも、その人が着ているもので伝えようとしていることにずっと関心があります。

ステレオタイプ（固定観念）をやめる

ステレオタイプは、赤ちゃんが生まれた時——男の子に青い服を買い、女の子にはピンクの服を買うところから始まっています。この**ジェンダー差別**は、子どもにどんなおもちゃや本を買うかという選択においても続いていきます。小さい女の子が人形、お姫様の衣装、おままごとセットを与えられることが多いのに対し、小さい男の子は車や化学セット、工具などを与えられることが多いのです。

家では、女の子は男の子よりも家のそうじなどを手伝うよう言われることが多かったり、男の子は物の修理などを手伝う場合があります。これらのステレオタイプは、男の子が工学、建築、冒険などにより興味を持ち、女の子は洋服、見た目や家事に集中するよう促しています。ステレオタイプがこれほど早く始まっているなら、人が成長してもこういった決めつけが続いているのは不思議ではありません。

ステレオタイプが有害なのは、人がやりたいことや、得意なことをやるのを妨げる場合があるからです。そのため、フェミニストはこれらのステレオタイプの影響を人々に説明し、やめるように訴えています。

考えてみよう

赤ちゃんの時、女の子と男の子は同じおもちゃを与えられるべきだと思いますか？

女の子と男の子が小さい頃から全く同じように育てられたとしたら、大人になった時のふるまいには男女で差があると思いますか？

男の子もフェミニストになれる

ジェンダーの**ステレオタイプ**は女の子だけに悪影響があるのではありません。**フェミニズム**とは**平等**と公平性についての考えで、男女両方に影響があります。みんなが、自分のことを自由に選択できるべきなのです。女性と同じように男性もいろいろな才能を持っていて、あらゆる仕事でそれを生かせるべきです。

現代では看護師やベビーシッター、秘書やネイリストなど、これまで女性のものだと考えられていた仕事につく男性も増えてきました。

社会の考えが変わってきたおかげで、今は男性も、自分の子どもが生まれた後の数週間は休みが取れるようになりました。女性が平等な賃金をもらっていれば、父親が仕事を控えめにして、もっと子どもの世話ができるかもしれません。

ジェンダーのステレオタイプは、わたし達の精神の健康にも影響します。昔は、女の子が自分の感情について話すことはいいことだとされていたのに、男の子と男性は、そういうことは男らしくないと言われてきました。たくさんの人が、男の子は泣くべきではないとまで考えていたのです！今では、男の子や男性にとっても、女性と同じように感情を体験し、表現することが重要だと多くの人が理解しています。

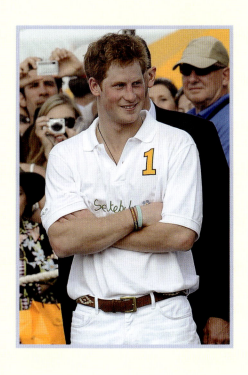

"女性がより多くの権利を得ると、女性の周りのみんなの生活——家族や共同体、国が大きく改善されることがわかっています。女性にとってだけの問題ではないのです。わたし達男性が、自分が果たすべき役割を認識しなくてはいけません"

——ハリー王子

わたしのフェミニズム

ベン・ベイリー＝スミス
（ドック・ブラウン）

では、男性もほんとうにフェミニストになれるのでしょうか？ なれます！ コメディアン、俳優、そしてラッパーとして活動するドック・ブラウンが教えてくれました。

Q あなたはフェミニストですか？

A はい、100％のね！ ぼくにとっての**フェミニズム**とは、男性と女性の**平等**な権利を信じることであり、なんでフェミニストにならない人がいるのか理解できません。その人達はフェミニストを理解していないし、フェミニストという言葉に悪い意味があるような気がしているんでしょう。

でもぼくは、みんなが平等の大切さを信じていると思っています。「フェミニスト」という言葉を聞くと、「わたしは下着を燃やしたり、警棒で男を殴る女性の仲間じゃない」って思うんでしょう。フェミニストがそんな人だと思っているんです！ でも、それは知識がないだけです。ぼくは、コメディのライブで観客に「きみたちはみんなフェミニストだ」と言っています。

人は、理解できないものを恐れます。「フェミニスト」という言葉を怖がっている女性がいるのはとても不思議です。過激な人の仲間だと思われたくないのでしょうが、人類の平等を望むことは、過激ではありません。彼女達は仕事で仲間外れになったり、男性に女性的でないと思われるんじゃないかと心配しているのです。それに、フェミニズムによって自分が権力を失うのを恐れている男性もいると思います。

Q あなたには2人の娘がいます。そのことで、**女性の平等**に対する考えは変わりましたか？

A ぼくはバランスのとれた性格で、以前から異性を尊重していました。でも娘が生まれたことで、さらにそのことについて考えるようになりました。ぼくは娘達に毎日言っています。「自分が男より優れていないなんて絶対に考えるな」とね。その戦いがあまりにも早くから始まることを知りました。7歳の娘はコミックとスーパーヒーローが大好きです。

でも彼女がバットマンのスニーカーをはいたり、キャラクターの帽子をかぶって学校に行くと、他の子がそれは男の子用だって言うんです。それを聞いて腹が立ちました。でもある時、男の子達が娘にスパイダーマンのことをどれだけ知っているか挑戦したら、娘が勝ったんです。男の子達はあっけにとられていて、ぼくは娘のことをとても誇らしく思いました。

Q 男性は、フェミニズムから恩恵を受けてきたと思いますか？

A すべての人が、性別や家の環境、人種や社会的な地位と関係なく、同じように物事を達成できる世界があれば、みんながいい影響を受けるでしょう。みんなが自分のやりたいことを達成できると思える共同体で暮らすということは、とても幸せな共同体に暮らすことです。

Q 家庭でも平等であろうとしていますか？

A 妻が教師として働いているあいだ、ぼくは休みをとって上の子どもの世話をしました。簡単ではありませんでしたが、男らしさがなくなるような体験ではありませんでした。家で子育てをする父親になったのは、ぼくの人生でも特別で、楽しかった経験です。ぼくが子どもにとって重要な時にそばにいたことを、決してぼくから奪うことはできません。できるなら、やらないわけはないでしょう？

> 66 すべての男性がフェミニストであるべきです。男性が女性の権利についてもっと気にかければ、この世界はより良い場所になるでしょう 99
>
> ジョン・レジェンド　シンガーソングライター

あなたはどう思う？

この本を読んで、フェミニストとそうでない人は、どのような点において同じ意見を持っていると思いましたか？
フェミニストが取り組んでいる中で、なにが最も重要な問題でしたか？
いくつかの質問をこのページで紹介します。

フェミニズムについて
- 「**フェミニズム**」という言葉をこれまで聞いたことがありましたか？
- どういう意味で使われていましたか？
- フェミニズムについて、なにを知りたいですか？

フェミニストってどんな人？
- 「フェミニズム」という言葉を聞いてなにを考えますか？
- 一部の人がフェミニズムを悪いもののように扱おうとするのは、どうしてでしょう？
- 人々が自分はフェミニストだと言いにくいと感じているとしたら、それはなぜでしょう？

フェミニズムは今でも重要？
- 現代の女性の**平等**について、どう思いますか？
- フェミニストにはまだやるべきことがあると思いますか？

フェミニズムと政治
- 政府にいる男性と女性の数が平等でないと、どのようなことが起こると思いますか？
- 政府には、平等な数の男性と女性がいるべきだと思いますか？

フェミニズムと労働
- 女性と男性が同じ仕事をしていたら、同じ額の賃金をもらうべき？
- 男性がやっている仕事はすべて、女性にもできると思いますか？
- また、それらの仕事は全部、女性もおこなえるようにすべきでしょうか？

フェミニズムとメディア

- メディアが男性と女性を描く方法はいつも公平で正しいと思う？
- 広告における男の子と女の子、または男性と女性の描かれ方が違うと感じたことはありますか？
- 女性が人間性を無視され、**物のように描かれる（客体化される）**と、どんな影響があると思いますか？
- 男性と女性のスポーツ選手は、インタビューで同じ質問をされるべきだと思いますか？

フェミニズムと教育

- 女の子と男の子は学校で同じ扱いを受けていると思いますか？
- 男の子は、どれか特定の科目で女の子より優秀だと思いますか？

フェミニズムとボディイメージ

- 雑誌を読む時、広告に出ているモデルはみんな同じように見えますか？
- 雑誌に出ているモデルのイメージは、女性の実際の見た目を反映していると思いますか？
- 広告会社はモデルの写真を加工するのをやめて、普通の人の写真を使うべきだと考える人もいます。あなたはどう思いますか？

ステレオタイプ（固定観念）をやめる

- 赤ちゃんの時、女の子と男の子は同じおもちゃを与えられるべきだと思いますか？
- 女の子と男の子が小さい頃から全く同じように育てられたとしたら、大人になった時のふるまいには男女で差があると思いますか？

フェミニズムについて考えてみよう

みなさんはこの本を読んで、たくさんの疑問について考えたでしょう。でも、まだ最後に大きな疑問があります。現代の女の子の暮らしは、お母さんやおばあさんの暮らしとどのように違っていると思いますか？
どのようにしていろいろなことが変わったのだと思いますか？
もしあなたが今の女の子と女性の扱われ方を変えることができるとしたら、なにを変えますか？

わたし達にできること

これまでの100年でフェミニストは大きな変化をもたらし、多くの国で、女性の平等な機会と権利における大きな進歩がありました。しかし、今でもジェンダー差別によるたくさんの問題があり、いまだに女性が基本的な権利の平等を求めて闘っている国もあります。

平等な権利が法律で定められている国に住んでいるわたし達は、その自由を大切にし、さらに守っていくためにあらゆる努力をしなくてはなりません。女性の選挙権のため、平等な賃金のため、どんな職業にもつけるようになるために闘ってきたフェミニストは、わたし達みんなを助けるために闘ってきたのです。フェミニストは男性と女性のため、そして人々を平等に扱う公平な社会を目指して闘ってきました。それはみんなにとって望ましいことですよね？

さらに調べるには

女の子が主人公のすばらしい本を紹介します。

デボラ・エリス『生きのびるために』
（もりうち すみこ訳、2002年、さ・え・ら書房）

キャサリン・M・ヴァレンテ『宝石の筏で妖精国を旅した少女』
（水越真麻訳、2013年、早川書房）

用語集

イスラム過激派：イスラム教の決まりに基づいた、政府と社会を作ることを目指す政治的運動の支持者。

エンパワメント：権限を獲得すること、つまり自分の人生と行動を選ぶ力を持つこと。

客体化：誰か（多くの場合、女性）を、自分の考えやアイディア、感情を持った人ではなく、物のように扱うこと。

キャンペーン：団体で活動し、特定の結果をめざすこと。

社会経済的：社会的な要素と、経済的な要素の両方に関係があったり、それらによって引き起こされること。

人権：あらゆる人に認められている権利のこと。人権は、生存権、平等の権利、公正な裁判を受ける権利、奴隷にならず拷問を受けない権利、思想の自由などを含む。

ステレオタイプ（固定観念）：例えば「男性は女性より運転が上手い」など、特定の人々に対して決めつけたイメージ。

セクシャルハラスメント：その人のジェンダーを理由に、繰り返し悪質な加害をすること。例えば不適切な体の触り方をしたり、女性全体について悪質な発言をするなど。

選挙権：政治的な選挙で、投票する権利のこと。

ダイバーシティ（多様性）：違っていたり、さまざまであること。

発展途上国：より発展することをめざしている貧しい国のこと。

避妊：妊娠を防ぐための方法。

平等：権利、選択、機会において、他の人と等しくあること。

フェミニズム：男性と女性が平等な権利と機会を与えられるべきだという考え方。

偏見：人種や性別、宗教を理由に、ある人やグループを不公平に嫌うこと。

索引

あ行

赤ちゃん	21, 25, 40-41, 45
アップルビー，ビー (Bea Appleby)	8-9
家	8, 22, 32, 40, 43
イスラム過激派	33, 46
インターネット	15, 31
映画	8, 10, 17, 26-28, 34
エブリデイ・セクシズム・プロジェクト	29
エンパワメント	7, 27, 46
お金と賃金（給料）	7-9, 13, 15-17, 19-20, 22-24, 34-35, 38-39, 41, 44, 46
オポーター，ドーン (Dawn O'Porter)	5, 20-21
おもちゃ	8, 40, 45

か行

科学	9, 16, 32, 35, 40
家族と子育て	6-7, 13, 17, 21, 25, 32, 34-35, 39, 41, 43, 45
活動家	14, 27, 33-34
家父長制	6, 11, 39
技術（工学）	16, 23, 32, 40
客体化	45, 46
キャリア（仕事、職業）	7-14, 16-26, 28, 32, 34, 41-44, 46
キャンペーン	15, 23, 29, 46
教育	10, 12, 14, 16, 23, 25, 27, 32-35, 38, 43, 45
車	8, 22, 26, 40
ケアニー，ジェマ (Gemma Cairney)	5, 30-31
結婚	10, 17, 21, 32
広告	26, 31, 36-37, 45
国連（国際連合）	4, 16, 33

さ行

雑誌	8-11, 31, 36-37, 45
サフラジェット／女性参政権運動家	18
社会	13-14, 25-26, 28, 34-35, 38-39, 46
自由	8, 14, 31, 41, 46
宗教	14, 47
女性差別主義（ミソジニスト）	6, 38
人権	19, 46
人種（民族）	14, 34-35, 43, 47
スヴィタク，アドーラ (Adora Svitak)	5, 34-35
ステレオタイプ	7, 14, 21, 26-27, 40-41, 45, 46
スピルズベリー，ルイーズ (Louise Spilsbury)	10-11
スポーツ	4, 9, 26, 28, 45
性格（キャラクター）	8, 17, 21, 27, 34
性差別（セクシズム）	6, 13-14, 17, 24, 29, 34, 38
政治	11-12, 15, 18-19, 22, 27, 34, 38, 44, 46
政府	6-7, 16, 18-19, 26, 44
セクシャルハラスメント	15, 17, 46
選挙	12, 18-19, 46
戦争	18, 22-23, 26, 33
ソーシャルメディア	15, 23, 29, 31, 35

た行

第一波フェミニズム	12
第三波フェミニズム	14
第二波フェミニズム	13-14
ダイバーシティ（多様性）	35, 46
第四波フェミニズム	15, 31
テレビ	8, 17, 20, 26-28, 34
同一賃金法	22
統計	16-17
投票	12, 18-19, 46

な行

妊娠	13, 46

は行

パンクハースト，エメリン (Emmeline Pankhurst)	18
ビジネス	13, 16, 26
避妊	13, 46
BBC	28, 30, 33
貧困	14, 32
ファッションと洋服	7, 9, 20-21, 26, 28-29, 31, 36-37, 39-40, 43
フェミニスト運動	12-15
フォーセット，ミリセント (Millicent Fawcett)	18
ベイリー＝スミス，ベン／ブラウン，ドック (Ben Bailey Smith / AKA Doc Brown)	5, 42-43
偏見	13, 47
ベントリー，ジュリー (Julie Bentley)	5, 24-25
法律	5-7, 11, 13, 17-19, 22, 25, 37, 46
暴力	13, 15, 29
本や識字教育	10-13, 16, 33-35, 40, 46

ま行

メディア	5, 14-15, 17, 26-29, 31, 35, 45
モデル	36-37, 45

ら～わ行

ラヴァーン，ローレン (Lauren Laverne)	5, 38-39
リーダー	4, 18-19, 23, 35
離婚	12

【著者】

ルイーズ・スピルズベリー　*Louise Spilsbury*

作家。イギリスのデヴォン在住。大学で女性文学の修士号を取得し、教育書の出版にたずさわったのち、作家として活動。科学や地理、時事問題、歴史、芸術など幅広いテーマで、200冊を超える子ども向けの本を手がけている。著書には『今、世界はあぶないのか？ 争いと戦争』、『今、世界はあぶないのか？ 貧困と飢餓』、『今、世界はあぶないのか？ 差別と偏見』（評論社）や、*Tales of Invention*シリーズ、*Young Explorer*シリーズなどがある。

ビー・アップルビー　*Bea Appleby*

編集者、ライター。女の子のための雑誌、*Girl Talk*の編集者を務めたあと、現在は女性の功績を紹介するプロジェクト、*The Female Lead*の編集者として活動している。

【訳者】

渡辺薫　*WATANABE Kaoru*

1990年東京生まれ。国際基督教大学卒、東京外国語大学大学院修士課程修了。専攻はイギリス中世史。

企画編集　太田明日香
装丁造本　寺村隆史
イラストレーション　坂本伊久子

国際化の時代に生きるためのQ&A ③
フェミニズムってなんのこと？

2018年11月10日第1版第1刷　発行

著　者	ルイーズ・スピルズベリー、ビー・アップルビー
訳　者	渡辺薫
発行者	矢部敬一
発行所	株式会社 創元社
	http://www.sogensha.co.jp/
	本社　〒541-0047 大阪市中央区淡路町4-3-6
	Tel.06-6231-9010　Fax.06-6233-3111
	東京支店　〒101-0051 東京都千代田区神田神保町1-2 田辺ビル
	Tel.03-6811-0662
印刷所	図書印刷株式会社

© 2018, WATANABE Kaoru, Printed in Japan
ISBN978-4-422-36006-5 C0336

〔検印廃止〕
落丁・乱丁のときはお取り替えいたします。

JCOPY〈出版者著作権管理機構 委託出版物〉
本書の無断複写は著作権法上での例外を除き禁じられています。複写される場合は、そのつど事前に、出版者著作権管理機構（電話 03-3513-6969、FAX03-3513-6979、e-mail: info@jcopy.or.jp）の許諾を得てください。